AF389890

LES PLAISIRS

DE

L'ANCIEN RÉGIME,

ET DE TOUS LES AGES.

Cet Ouvrage, qui contient les Chef-d'œuvres de divers bons Auteurs, et orné de XX Gravûres à la manière Anglaise, est pour faire suite à l'Arétin.

Nouvelle Edition.

A LONDRES,

Imprimé par ordre des Paillards.

M. DCC. XCV.

INTRODUCTION.

CE n'est point ici une Religion nouvelle, un culte moderne, que je viens vous
offrir, aimables Débauchés, qui comptez
pour les plus doux momens de la vie, ceux
que l'on donne aux plaisirs, à la volupté.
Les tendres impulsions de la Nature sont
d'une antiquité égale à celle du genre humain ; et s'il s'agissait de vous présenter
ici l'arbre généalogique de l'Ode à Priape,
vous le verriez porter sa tige touffue dans
l'Olympe, et ses racines profondes dans
les gorges du Ténare. Les Dieux, les
Déesses, furent donc foutues : c'est un
axiome de la Fable, de cet ingénieux em-
blême de la vérité ; à leur exemple, les
demi-Dieux, les Héros, s'abandonnèrent
au penchant de la lubricité. On vit dans
tous les siècles, dans tous les âges, la luxure, exerçant son inévitable empire sur
tous les individus de l'espèce humaine,

physiquement organisée à l'instar des ani-
maux, le besoin et le desir de la repro-
duction, entraînèrent constamment les
objets les uns vers les autres, et dispo-
sèrent les atômes séminaux à une atraction
réciproque ; en sorte que ce n'est rien
avancer de trop, que de faire remonter
la foutaise à l'instant de la création des
hommes.

ODE

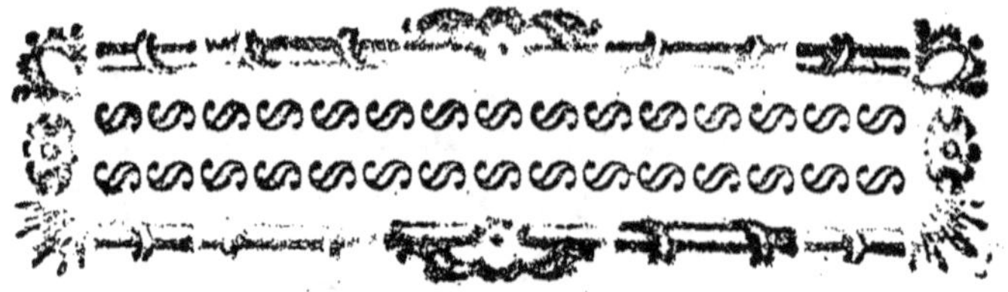

ODE
A PRIAPE,

Par M. Piron.

VERS A L'AUTEUR.

Tout, en lui, d'un Poëte annonce le
    cerveau ;
Une belle ame encor illustre sa mémoire.
Cet Ecrivain nerveux, saillant, toujours
    nouveau ;
Fit peu pour nos plaisirs, mais assez pour
    sa gloire.

A

SCÈNE

PREMIÈRE.

Foutre des neuf Graces du Pinde,
Foutre de l'Amant de Daphné,
Dont le flasque Vit ne se guinde
Qu'à force d'être patiné.
C'est toi que j'invoque à mon aide,
Toi qui, dans les Cons, d'un Vit roide,
Lance le Foutre à gros bouillons;
Priape, soutiens mon haleine,
Et pour un moment, dans ma veine,
Porte le feu de tes Couillons.

SCÈNE

DEUXIÈME.

Que tout bande, que tout s'embrâse,
Accourez Putains et Ribauds.
Que vois-je! où suis-je! ô, douce extase!
Les Cieux n'ont point d'objets si beaux :
Des Couilles en blocs arrondies,
Des Cuisses fermes et bondies,
Des bataillons de Vits bandés,
Des Culs ronds, sans poil et sans crottes,
Des Cons, des Tettons et des Mottes,
D'un torrent de Foutre inondés.

SCÈNE

TROISIÈME.

Restez, adorables images,
Restez à jamais sous mes yeux ;
Soyez l'objet de mes hommages,
Mes législateurs et mes Dieux.
Qu'à Priape on élève un Temple,
Où, jour et nuit, l'on vous contemple ;
Au gré des vigoureux Fouteurs :
Le Foutre y servira d'offrande,
Les Poils et Couilles de guirlande,
Les Vits de Sacrificateurs.

SCÈNE
QUATRIÈME.

AIGLE, Baleine, Dromadaire,
Insecte, Animal, Homme ; tout,
Dans les cieux, sous les eaux, sur la terre,
Tout nous annonce que l'on fout.
Le Foutre tombe comme grêle,
Raisonnable ou non, tout s'en mêle ;
Le Con met tous les Vits en rut ;
Le Con, du bonheur est la voie,
Dans le Con gît toute la joie,
Mais hors le Con, point de salut.

SCÈNE

CINQUIÈME.

QUE l'or, que l'honneur vous chatouille,
Sots avares, vains conquérans,
Vivent les plaisirs de la Couille,
Et foutre des biens et des rangs.
Achille, aux rives de Scamandre,
Pille, détruit, met tout en cendre ;
Ce n'est que feu, que sang, qu'horreur ;
Un Con paraît, passe-t-il outre ?
Non ; je vois bander mon Jean-Foutre,
Ce Héros n'est plus qu'un Fouteur.

SCÈNE

SIXIÈME.

QUOIQUE plus gueux qu'un rat d'église,
Pourvu que mes Couillons soient chauds,
Et que le poil de mon Cul frise,
Je me fous du reste en repos.
Grands de la terre, l'on se trompe,
Si l'on croit que de votre pompe
Jamais je puisse être jaloux ;
Faites grand bruit, vivez au large,
Quand j'enconne et que je décharge,
Ai-je moins de plaisir que vous ?

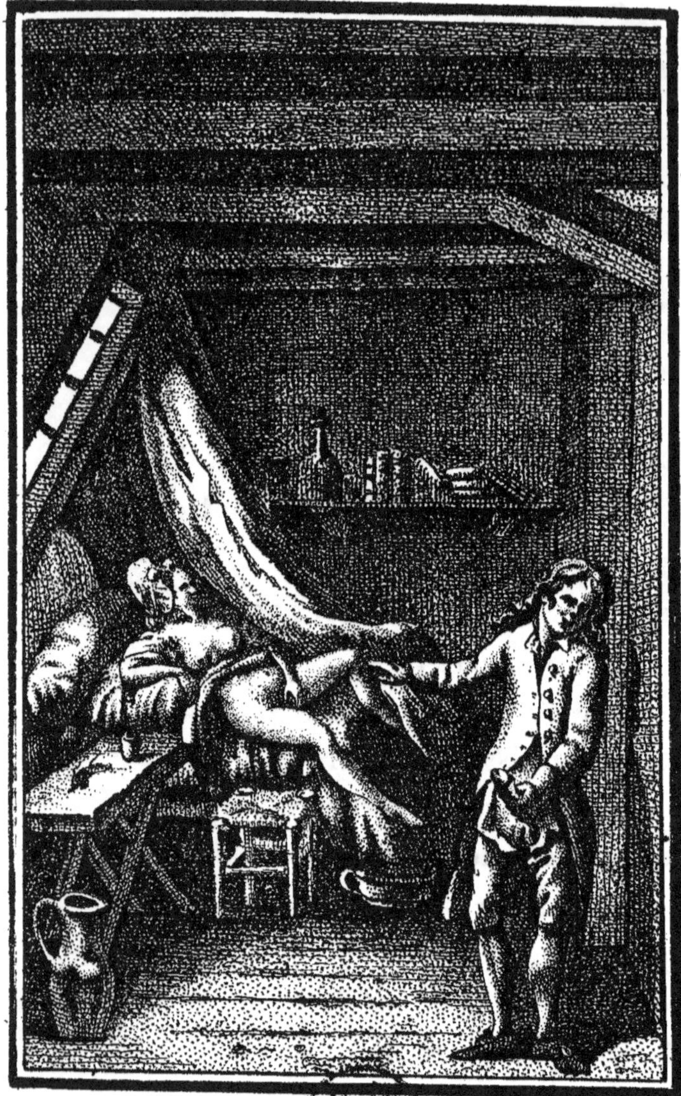

SCÈNE

SEPTIÈME.

Des Fouteurs la Fable fourmille ;
Le Soleil fout Leucothoé,
Cynire fout sa propre fille,
Un Taureau fout Pasiphaé,
Pygmalion fout sa Statue,
Le brave Ixion fout la Nue,
On ne voit que Foutre couler ;
Le beau Narcisse, pâle et blême,
Brûlant de se foutre lui-même,
Meurt en tâchant de s'enculer.

SCÈNE

HUITIÈME.

Socrate, direz-vous, ce Sage,
Dont on vante l'esprit divin,
A vomi peste et a fait rage
Contre le sexe féminin ;
Et pour cela, le bon Apôtre
N'en a pas moins foutu qu'un **autre.**
Interprétons mieux ses leçons;
Contre le Sexe il persuade ;
Mais, sans le Cul d'Alcibiade,
Il n'eût pas tant médit des Cons.

SCÈNE NEUVIÈME.

MAIS voyons ce brave Cynique,
Qu'un Bougre a mis au rang des chiens,
Se branler gravement la Pique
A la barbe des Athéniens.
Rien ne l'émeut, rien ne l'étonne,
L'éclair brille, Jupiter tonne,
Son Vit n'en est point démonté;
Contre le Ciel sa tête altière,
Au bout d'une courte carrière,
Décharge avec tranquillité.

SCÈNE DIXIÈME.

CEPENDANT Jupin, dans l'Olympe,
Perce des Culs, bourre des Cons :
Neptune, au fond des eaux, y grimpe,
Nymphes, Syrènes et Tritons.
L'ardent Fouteur de Proserpine
Semble, dans sa Couille divine,
Avoir tout le feu des Enfers.
Amis, jouons les mêmes farces ;
Foutons tant, que le Con des Garces,
Nous foute enfin l'ame à l'envers.

SCÈNE

ONZIÈME.

Tysiphone, Alecto, Mégère,
Si l'on foutoit encor chez vous ;
Vous, Parques, Caron et Cerbère,
De mon Vit vous tâteriez tous.
Mais puisque, par un sort barbare,
On ne bande plus au Tartare,
Je veux y descendre en foutant :
Là, mon plus grand tourment, sans doute,
Sera de voir que Pluton foute,
Et de n'en pouvoir faire autant.

SCÈNE

DOUZIÈME.

Rᴇᴅᴏᴜʙʟᴇ donc tes infortunes,
Foutu sort, sort plein de rigueur,
Ce n'est qu'à des ames communes
A qui tu peux foutre malheur ;
Mais la mienne, que rien n'alarme,
Plus ferme que le Vit d'un Carme,
Rit des maux présens et passés.
Qu'on me méprise et me déteste,
Que m'importe ; mon Vit me reste,
Je bande, je fous, c'est assez.

SCÈNE

TREIZIÈME.

Honneurs, rangs, dignités, foutaise,
Et toi Crésus, tout le premier,
Tu ne vaut pas, ne t'en déplaise,
Yrus qui fout sur son fumier.
Le Sage fut un Bougre, en Grèce,
Et la Sagesse une Bougresse ;
Exemple qu'à Rome on suivit.
On y vit plus d'une Matrône
Préférer le Bordel au trône,
Lâcher un sceptre pour un Vit.

SCÈNE QUATORZIÈME.

QUELLE importante raison brouille
Achille avec Agamemnon ?
L'intérêt sacré de la Couille
Briseroit une Garce, un Con.
Sur le fier amour de la gloire,
L'amour du Foutre à la victoire,
Il traîne tout après son char.
Cette puissance, à qui tout cède,
Devant le Vit de Nicomède,
Fait tourner le Cul à César.

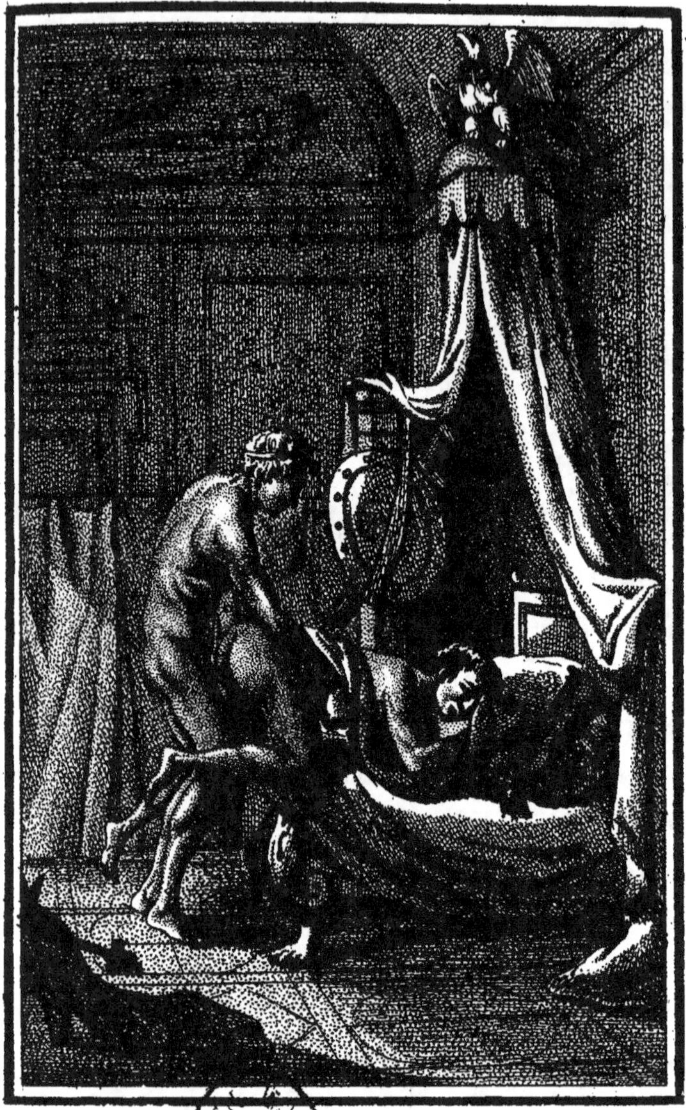

SCÈNE

QUINZIÈME.

Jeunesse, au Bordel aguerrie,
Ayez toujours le Vit au Con :
En foutant, on sert sa patrie ;
Quand on est chaste, à quoi sert-on ?
Il falloit un trésor immense
Pour pouvoir, de leur décadence,
Rétablir les murs des Thébains :
Friné le trouva dans ses coffres.
On sait quelles furent ses offres.
Que servit Lucrèce aux Romains ?

SCÈNE

SEIZIÈME.

Tout se répare et se succède,
Par ce plaisir qu'on nomme abus :
Homme, oiseau, poisson, quadrupède,
Sans ce plaisir, ne seraient plus.
Ainsi, l'on fout par-tout le monde ;
Le Foutre est la source féconde
Qui rend l'Univers éternel ;
Et ce beau tout, que l'on admire,
Ce vaste Univers, à vrai dire,
N'est qu'un noble et vaste Bordel.

LA
MESSALINE
EN PLEURS.

Enconner est d'un Dieu,
Se branler est d'un homme.

J'AVAIS cru, jusqu'ici, qu'on pouvait,
    étant fille,
De chaque député balancer la Béquille,
Et ne m'attendais pas qu'on aurait, sans
    façon,
D'une assemblée en Vits, écarté tous les
    Cons ;
Ni qu'on dût, autre part que sur notre
    chemise,
Ecrire les exploits de Messieurs de l'église.

Mais puisque , par un sort que je ne
 comprends pas ,
Tous quittent mes autels , s'arrachent de
 mes bras ,
Et méprisant l'honneur de foutre Messaline ,
Les lâches , chez le Roi , se font branler
 la Pine ,
Portent à l'assemblée un Vit qui m'était dû;
Paillards , je vengerai l'injure de mon Cul.
Je veux , aux yeux de tous , paraître toute
 nue ;
Etaler mes appas , vous éblouir la vue ,
Voluptucusement me branler devant vous :
Connaissez Messaline à de semblables
 coups.
Mon Con rebondissant , ce Con rempli
 de charmes ,
Que vos Vits , tant de fois , arrosèrent
 de larmes ;
Ce Con , dont chaque Poil est un de vos
 bienfaits ,
Bougres , je vous le jure , est cousu pour
 jamais :

Et dussent tous vos Vits l'attaquer en
    escorte,
Ils se verront réduits à baver à la porte ;
Tous, sans exception, auront même destin ;
Vit d'Abbé, Vit de Carme et Vit de
    Célestin.
Je vous verrais bander et décharger sans
    cesse ;
Je verrais mon Conin mourir de sécheresse,
Pour éteindre sa soif, je n'implorerais pas
Ceux qui, si lâchement, outragent mes
    appas :
Et pour ne rien céler, de tout ce que je
    pense,
Un Ane aurait, Messieurs, sur vous la
    préférence.
Que les tems sont changés ! momens pleins
    de douceurs !
La France était fertile en vigoureux Fou-
    teurs !
L'un foutait les Tettons ; l'autre, d'un
    Vit lubrique,
Le regard effaré, parcourait de sa Pique,

Les dehors enchanteurs d'un Cul mignon
        et doux ,
Qu'un Evêque, souvent, baisait à deux
        genoux.
Tous foutaient à l'envi, Abbés , Prélats ,
        Chanoines ,
Comtes , Barons , Marquis , Nobles , Mar-
        chands et Moines.
J'ai même vu Thémis oublier son emploi,
Et , lasse de juger , se branler avec moi :
Et s'il faut , du vieux tems , vous rappeler
        l'usage ,
Des antiques fouteurs vous retracer l'image,
Vous n'en verrez aucun dont les plus
        beaux écrits ,
D'un Con cent fois percé , n'empruntent
        tout leur prix.
Le bougre d'Alexandre , en partant de la
        Grèce ,
Même aux yeux d'Appollon , trois fois
        fout la Prêtresse.
Et savez-vous pourquoi le dévot Augustin
Ne parle , en ses écrits , que de l'amour
        divin ?

                                Sa

Sa doctrine jamais n'eût été si savante,
S'il ne l'avait puisée au Con de sa servante.
Sur ses Fesses assis, cet homme tout de feu,
La Pine dans la main, prêchait l'amour
          de Dieu,
Et celui du prochain; car l'un ne va sans
          l'autre :
Enfin, il eût baisé sa servante et la vôtre.
Ovide qui, si bien, nous parle de l'amour,
N'écrivait que la nuit et foutait tout le jour.
Des Prélats jusqu'ici je n'avais pu me
          plaindre :
Ces gens de Dieu, munis d'un vigoureux
          cylindre,
Goûtaient avec transport, dans ces ter-
          restres lieux,
Des plaisirs destinés aux habitans des cieux.
Mais depuis quatre mois, par esprit de
          bêtise,
Ces Prélats rougiraient de lever leur
          chemise !
Leur Priape, dit-on, jadis si fort, si fier,
N'oserait maintenant farfouiller un fessier.

D

Vous vous foutez de moi, canaille des
  canailles.

Allez vous faire foutre aux Putains de
  Versailles.

Puissé-je désormais, voir tous vos Vits
  perclus,

Toujours leur rire au nez et leur cracher
  dessus ;

Puisse chacun de vous, en sortant de l'office,

Munis de trois poulains et d'une chaude-
  pisse,

Vainement , près d'un mur, s'efforcer de
  pisser !

Que j'aurais de plaisir à vous voir gri-
  macer !

En vain vous penserez m'appaiser par vos
  larmes,

Vos sanguinaires Vits seront pour moi
  sans charmes :

Vos regrets seront vains, vos remords
  superflus :

Bon soir, Messieurs, bon soir, vous ne
  me foutrez plus.

RÉPONSE

DU CLERGÉ,

Dictée par l'Abbé GRÉCOURT.

DEPUIS quand oses-tu, gueuse de
    Messaline,
Monstre d'impureté, détestable Coquine,
Reprocher au Clergé que fuyant ton autel,
Moines, Abbés, Prélats, ne vont plus au
    Bordel ?
Depuis quand ton grand Con, du virus le
    repaire,
Ose-t-il, contre nous, exaler sa colère ;
Et bravant, sans pudeur, nos Priapes
    fougueux,
Répendre à gros bouillons son fiel piquant
    sur eux ?

D 2

De la désertion qui cause tes allarmes ,
N'accuse que ton Con , qui fait baisser les
    armes ;
N'en a rage que lui , qui , petit autrefois ,
Logeant à peine un Vit , pourrait en loger
    trois ,
Et qui, leur présentant un hiatus immense,
Au lieu de le roidir , les amolit d'avance.
Ce sont-là , vieux chiffon , ce sont-là des
    motifs
Assez puissans , je crois , pour raccourcir
    les Vits.
Il me souvient du temps où , dure et
    rebondie ,
Ta Gorge , à tous les Vits , savait donner
    envie.
Il me souvient encor que ton Cul , blanc
    et rond ,
Suppléait quelquefois l'office de ton Con.
Oui , je te l'avouerai , l'aspect de tant de
    charmes
Fit pleurer autrefois nos Vits à chaudes
    larmes :

Ton beau Con, inondé de Foutre épiscopal,
En fait de Cons, alors, n'avait pas son égal ;
Et, dans ces temps heureux, sa charmante
ouverture,
Aurait fait décharger un Priage en peinture.
Mais le cuir blanc et doux dont il était garni,
N'offre plus, à nos yeux, qu'un vieux cuir
racorni ;
Et ce leger duvet qui couronnait ta Motte,
Devenu poil de Con, est hérissé de crotte.
Ainsi donc, délaissée avec tant de raison,
Prétendrais-tu venger l'injure de ton Con ?
Voudrais-tu que, bravant vérole et chaude-
pisse,
Dans ton gouffre un Prélat vînt tremper
sa saucisse ?
Voudrais-tu qu'un Chanoine, à Coïon
rabattu,
Vînt te laver de Foutre et le Con et le Cul ?
Le plus hardi Fouteur, fût-il même un
grand Carme,
N'oserait, sur ton Con, verser la moindre
larme.

D 3

Alexandrelegrand, nous dis-tu d'un haut ton
Quoiqu'occupé d'ailleurs, aima toujours
　　　le Con.
Pour nous prouver cela, tu nous chantes
　　　qu'en Grèce,
D'Appollon, par trois fois, il foutit la
　　　Prètresse.
Ce n'est pas tout encor, tu nous dis
　　　qu'Augustin
N'écrivit jamais mieux qu'auprès de sa
　　　Putain.
Ces exemples fameux que je savais d'avance,
Ne feront pourtant pas, pour toi, tourner
　　　la chance.
Alexandre, Augustin, foutirent, je le sais ;
Mais que foutirent-ils ? des Cons neufs,
　　　des Cons frais.
L'un ne redoutait point que, passant par
　　　la Trape,
Chancres, porreaux, poulins, suivissent
　　　son Priape ;
L'autre ne craignait pas que de son Vit
　　　brûlant
Dût un jour découler un virus purulant.

Va , ton Con n'est pas fait pour recevoir
l'hommage

De deux Coïons bénits , d'un Vit de haut
parage.

Que mon Membre , plutôt , devienne tou
perclus ,

Qu'il ne me reste plus une goutte de jus

Que dis-je ! qu'on me coupe le Vit et les
Couilles ,

Et qu'on en fasse , après , des boudins ,
des endouilles ,

Avant d'en régaler un Con toujours ouvert,

D'où découle , en tout temps , du Foutre
jaune et vert.

Outre ces raisons-là, qui sont irréfragables,

Nous en avons , hélas ! qui sont bien plus
valables.

Eh quoi ! ne sais-tu pas que, par un coup
affreux ,

Le sort, en un instant, nous a tous rendus
gueux ?

O , jour trop malheureux ! les suppôts de
l'église

Sont donc , dès aujourd'hui , réduits à la
        chemise.

Malgré l'abbé Mauri , l'égrillard sans pareil,
Qui brâillait comme un âne, avec la larme
        à l'œil ,

Le cruel Riquetti sait prouver , sans re-
        plique ,

Que les biens du clergé sont à la république,
Qu'elle en peut disposer pour le bien de
        l'état ,

Sans jamais consulter moine , abbé , ni
        Prélat :

Les députés séduits, entraînés dans le piège,
Décrètent , d'une voix , cet avis sacrilège.

Ah ! qui pourrait bander après un tel
        forfait !

Les Tétons les plus durs , le Con le plus
        parfait ,

Ne sauraient émouvoir un Vit qui , sur ses
        Couilles

Tristement étendu, pleure sur les dépouilles

D'un maître qui , jadis faquin et pétulant,

S'échappant du bordel pour aller au boucan

Est maintenant réduit à se branler la Pine,

Pour se désennuyer en passant à Torinne.

Quand on est sans argent, quand on n'a
plus le sou,

Il faut fuir le Bordel ou bien passer pour
fou.

Voici donc des prélats, l'arrêt irrévocable ;

Et s'il change jamais, que la foudre
m'accable !

Tu pourras foutre encore : Savoyards,
Crocheteurs

Pourront être flattés de tes sales faveurs.

Mais ceux dont le gros Vit pourra te
rendre folle,

Te donneront, au moins, chaude-pisse et
vérole,

Les plus braves Fouteurs, au lieu de
décharger,

Quand ils seront sur toi, ne feront que
baver.

Si, pour les ranimer, tu remues les fesses,
Bien loin de mieux bander, ils auront des
faiblesses.

Dévoré de poulains, de chancres et de
porreaux,
Ton Cul, jadis si gras, sera réduit aux os.
Tous les Vits, à l'aspect de ton énorme
fente,
Reculeront d'effroi, d'horreur et d'épou-
vante ;
Pour comble de malheur, et pour dernier
affront,
Tu te verras réduite à te branler le Con.

PETITE LEÇON
A MA FLUTE.

Mon Vit ne faites pas la bête,
Gardez-vous de lever la crête ;
Chaque Iris n'est pas la Descay,
Le présent n'est pas le passé ;
La Hollande n'est pas la France,
Ni son clinquant ce qu'on pense :
En vain jettez-vous l'hameçon,
Leyde n'est rien moins qu'Alençon :
Et, de vous travailler sans lucre,
Ce serait profaner un sucre,
Dont Alençon a fait grand cas,
Et que maintenant il n'a pas.
Rengainez donc votre colère,
Toute peine vaut son salaire,
Et cela ne ferait pas bien,
Si vous alliez foutre pour rien.

Vous direz qu'Aminte vous mire,
Mon pauvre Vit, je vous admire,
Par ma foi vous êtes bien fou !
La maussade n'a pas un sou :
Que son Pucelage l'étrangle,
Avec sa bouche faite en angle,
Et son puant nez de faucon,
Croit-elle qu'on fourre en son Con
Un Vit, dont l'ardeur peu commune,
Vaut tous les trésors de Neptune ?
Non, non ; mon Vit, encore un coup,
Gardez-vous bien d'être si fou.
Rien n'est constant dessus la terre,
La fortune nous fait la guerre ;
Mais j'espère encor quelque jour
Quelques pistoles de l'Amour.
Si les filles de cette ville,
Vous croyaient tellement utile,
Que vous puissiez, en un moment,
Leur donner un contentement
Capable d'éteindre la rage
Que leur cause leur pucelage,
Et perpétuer la douceur
Qu'un simple Vit apporte au cœur,

Je

Je pense bien que leur matrice,
Au travers de leur avarice,
Fendant la presse jusqu'à vous,
Vous demanderait quelques coups,
Et du tranchant de sa languette
Saurait déchirer ma brayette.
Mais, mon Vit, il vous faut songer
Qu'ici vous êtes un étranger,
De qui l'heure n'est pas venue,
Dont la valeur est inconnue,
Et qu'on cherchera, quelque jour,
Aux rayons du flambeau d'amour.
Déjà l'histoire d'Amarante,
La jeune Célimène enchante,
Et Sylvie, Aminte et Cloris,
Frappant du pied sur mes écrits,
Lorsqu'elles vous lisent si brave,
Leur Con bâille, brisant l'entrave,
Pisse le sperme, et de travers
Voit Amarante dans mes Vers.
Hé bien, mon Vit, la patience
Amène tout en abondance;
J'attends d'elles, de jour en jour,
Quelque cartel de leur amour.

E

Alors mon Vit, comme un grand maître,
Faites bien peter le salpêtre,
Et marquez, par des faits nouveaux,
Que je n'ai rien écrit de faux ;
Pourvu que l'argent soit leur guide,
Poussez, je vous lâche la bride,
Et moi-même, avecque la main,
Je vous ouvrirai le chemin :
Mais que, comme un engin de balle
Qu'on vent dans Paris, à la halle,
Vous vous donniez pour un florin,
Vous, de qui le nez tout sucrin,
Quand il furette un Con, l'embaume,
Et bondit comme balle en paume,
S'agrandissant comme un compas,
Non, je n'y consentirai pas,
Et je, si vous faites la bête,
Vous jette un sceau d'eau sur la tête.
Çà donc, y dussiez-vous pourrir,
Rentrez chez vous sans discourir,
Et vous nichez sous votre plume,
Jusqu'à ce que l'or vous allume.
C'est ainsi que, dans mon dépit,
Je fais des leçons à mon Vit ;

Que je réprime sa furie,
Qui jusqu'à l'excès est mûrie ;
Et qu'avec un peu de raison
Je le retiens à la maison.
Pour vous, Messieurs, vous êtes libres,
Si vous connaissez mes calibres,
Capables de vos vitelets,
Gratuitement remplissez-les :
Mais moi, qui n'ai, de la Nature,
Qu'un Vit exempt de la morsure,
Du monstre qui mort comme un chien,
Je ne veux point foutre pour rien.

VERS GAILLARDS.

Tant j'aime l'amoureux déduit,
Que chaque doigt sur un gros Vit
Vous en seriez bien plus contente,
Outre qu'il n'arriverait pas
Que ces Vits fussent jamais las
A vous payer chacun sa rente.

AUTRES.

Lorsque la belle avait la pâle maladie,
Elle fut consulter les oracles divers,
Voir quel remède était pour garantir la vie;
Il lui fut répondu : belle fille, ma mie,
Ton remède est écrit à côté de ces Vers.

AUTRES.

Le plaisir que je prends ne peut être petit,
Jamais je ne fous à la nage,
Et la raison, c'est que mon Vit
Ne peut trouver de Con trop large.

LE
CHAPITRE GÉNÉRAL
DES CORDELIERS.

Déja la Renommée avait passé les mers,
Pour aller annoncer à cent Peuples divers
Que l'invincible chef de la gent cordelière
Venait de terminer son illustre carrière.
Déjà, pour faire choix d'un digne Suc-
   cesséur,
De chaque monastère on assemble la fleur,
Et Tolède est choisi pour tenir l'assemblée,
Où doit se réunir l'élite députée.
Le Chapitre commence, il se tient à huis-
   -clos ;
Un Moine, beau parleur, l'ouvre par ce
   propos :

O vous ! dignes soutiens de toute gueuserie,
Vous, qui faites valoir la sainte momerie,
Qui n'avez pour tout bien, et pour tout
revenu,
Que le droit casuel et du Con et du Cul ;
Vous qui, de toutes parts, venez ici vous
rendre,
Au saint Généralat vous qui voulez pré-
tendre ;
Vous vous flattez, en vain, que la brigue
en ces lieux,
Favorise jamais des vœux ambitieux.
Quiconque ose aspirer à cette grande
place,
Ne doit, sur ses talens, attendre aucune
grace.
Plus humbles, plus savans, fussiez-vous
mille fois,
Plus ardens à gueuser que le grand saint
François,
Si vous n'avez des Vits d'une énorme
mésure,
Vous devez, de ce rang, vous-mêmes
vous exclure,

Le mieux muni de nous doit être Général ;
C'est-là, pour notre choix, le point
　　　　fondamental.
A notre Ordre, aujourd'hui, donnons un
　　　　nouveau lustre,
Choisissons, parmi nous, le Vit le plus
　　　　illustre.
Pères, préparez-vous, voici l'instant fatal,
Qu'il faut mettre au grand jour le sceptre
　　　　monacal ;
De vos roides Engins montrez la révérence,
Et voyons qui de nous aura la préférence.
Alors, montrant le sien : Voici, dit-il,
　　　　mes droits,
Et le signe assuré de mes fameux exploits ;
Quoiqu'on en ait tranché, par un malheur
　　　　funeste,
Pour être Général, voyez ce qui me reste :
Révérends, c'est, je pense, un assez bel
　　　　hochet.
A son aspect, on croit voir un Vit de mulet.
Saisi d'un saint transport, un vieillard en
　　　　lunette,
S'approche, et, pour le voir, fait une
　　　　humble courbette :

De près il l'examine , et dit : Par saint
        François ,
Voilà , je crois , de l'Ordre , un des plus
        beaux anchois.
Mais , d'un air dédaigneux , saisissant la
        parole ,
Père Tapeux soutient que c'est une
        hyperbole ,
Prétendant qu'il n'a pas suffisante grosseur,
Défie , à son égard , le plus rude censeur ;
Et levant, d'une main, sa longue robe brune,
De l'autre , il sort un Vit propre à faire
        fortune.
A peine le peut-on empoigner d'une main,
Long à proportion , quarré , sec et mutin.
Voilà , dit-il, un Vit , rougissant de colère,
Et non pas ce que vient de nous montrer
        le Père :
Avec cet outil-là , je peux , sans me gêner,
Fourbir mes douze coups , dont six sans
        déconner.
Le Chapitre sourit , et prend cette bravade
Pour un discours en lair , pour une gas-
        connade ;

Mais le Moine, piqué de cet affront
nouveau,
Frappe de son outil vingt fois sur le
bureau ;
Cet effort vigoureux fait trembler le
Chapitre.
L'on admire, l'on rend justice à votre
titre,
Vous méritez beaucoup, lui dit le pré-
sident,
Père Tapeux, calmez ce noble empor-
tement :
C'est assez, Révérend, contenez ce ton-
nerre,
Vous avez effrayé tout notre monastère ;
Votre Engin, à son tour, doit être mesuré,
Et, s'il est le plus long, il sera préféré.
Père Examinateur, commencez votre ronde,
Que chacun fasse voir sur quel titre il se
fonde ;
Qu'on enregistre tout, la taille et la
grosseur,
Qu'on fasse mention exacte de longueur,

Et du tour du bréteur ; sur-tout qu'on
    examine
Les Couilles et les Vits jusques à leur
    racine ;
Enfin, ce que chacun montrera de vigueur,
Soit, dans votre examen, produit en sa
    faveur.
L'examen achevé , il faut que l'on opine ;
Mais, pour l'élection, nul ne se détermine.
Le Père Brise-Motte et Père l'Enfonceur
Ont leurs Engins égaux en longueur, en
    grosseur ,
Egalement bandant , ils ont des reins de
    diable ,
Les couillons sont égaux , enfin tout est
    semblable ;
Mais comment faire un choix , où tout
    paraît égal ?
Il faut pourtant que l'un des deux soit
    Général
Pour nous tirer , dit l'un , de cette in-
    certitude ,
Mettons-les , tous les deux , à quelqu'é-
    preuve rude :

Pour choisir sans scrupule et sans pré-
vention,
Faisons venir ici jeune fille et garçon ;
Sur l'un et l'autre sexe exerçons leur
courage,
Nous verrons qui des deux prend mieux
un pucelage ;
Lequel, en fouterie, est meilleur ouvrier,
En un mot, qui des deux est meilleur
Cordelier.
Bientôt après ces mots on présente à la sale
Un jeune Ganymède, une jeune Vestale
Environ de quinze ans, plus belle que le
jour,
Tein de rose et de lis, ouvrage de l'Amour.
Chaque Père, en voyant cette jeune fillette,
Sent son bidet tout prêt à rompre sa
gourmette.
Le président fait signe au Père l'Enfonceur
De commencer l'épreuve, et grimper su,
la sœur.
Sitôt dit, sitôt fait : dessus une couchette
Mise en ces lieux exprès, mon Frocard
vous la jette,

Il la trousse, et se met en devoir d'obtenir
Des plaisirs que l'amour ne saurait définir.
Le Père, avec transport, achève sa victoire,
Et tirant du conin son vit couvert de gloire,
Sitôt il le renfonce, et pour dignes exploits,
De l'aveu du tendron, il déchargea six fois,
Six fois sans déconner ; et puis levant sa
       cotte ,
Il fait voir, au grand jour, la plus char-
       mante motte ,
La cuisse la plus blanche, et le plus beau
       conin
Qui se trouva jamais sous jupe de Nonnain.
Le Vit du Moine alors, montrant sa rouge
       tête ,
S'échappe furieux de la sainte brayette,
Ecumant de luxure, il remonte à l'instant.
Jean - Chouard, cette fois, entre plus
       aisément ,
Ce jeune petit con, quoique con de poupée,
Au Moine vigoureux laisse une libre entrée:
Dans ce second assaut, sans plainte et sans
       douleur ,
De l'enfroqué Jean-foutre elle remplit
      l'ardeur ,   Tant

Tant et si bien, qu'enfin ne pouvant
  passer outre,
Il lui laisse le con tout barbouillé de
  foutre.
Le Père l'Enfonceur, illustre candidat,
Ainsi fut éprouvé pour le généralat.
Le Père Brise-Motte, à son tour sur la scène
Entre, et dit qu'il foutra dix coups tout
  d'une haleine.
Il essuie le con de cette jeune Sœur,
Et dans trois coups de cul lui cause une
  douleur,
Qui fait jeter des pleurs à la jeune in-
  nocente.
Le Moine sans pitié, dans son ardeur
  brûlante,
La serre entre ses bras, saisi d'un doux
  transport,
Sentant son Vit pressé, comme par un
  ressort,
Change, en tendres soupirs, les pleurs de
  sa conquête,
Et régale ce Con d'une si belle fête,

F

Que le cul de la Nonne en sauta de fureur.
Le paillard darde au fond la bénigne
      liqueur ,
Et suivant, sans repos, l'amoureux exercice,
Douze coups , tous portants , son Vit lui
      fut propice. .
La douzaine finie, on crut qu'à cette fois
Le Moiné bornerait le cours de ses explois.
On allait opiner, quand ce nouvel Hercule,
Retournant le Tendron , du premier coup
      l'encule ,
Sodomise deux coups , et deux fois dé-
      chargeant ,
Il retire du cul deux fois son Vit bandant.
Jusques-là Brise-Motte avait eu l'avantage.
Et le Chapitre allait lui donner son suffrage.
Le mien n'est pas pour lui , répond Frère
      Frappart , .
Au choix en question je prétends avoir
      part ,
Et, sur lui, remporter une pleine victoire :
Mon Vit n'est pas si long , Pères , je veux
      le croire ,

Mais, pour foutre, je veux lui damer le pion;

Je vais vous le montrer sur ce jeune garçon.

Il dit, et sur le champ déculotant le frère,

Aux yeux des Papelards paraît le beau
derrière.

Il pousse vivement son Vit sans le mouiller.

Sans effort et sans peine encule l'Ecolier.

Chacun frappe des mains à ce charmant
spectacle ,

Et l'on tient que le coup approche du
miracle ;

Quand le bougre , charmé de l'applau-
dissement ,

Leur dit, sans déconner, je foutrais tout
un an :

Le saint homme, en éffet, de toute la
journée ,

Ne cessa de tenir la mazette enculée.

Le Président se lève et recueille les voix ;

Tout est en sa faveur , le Chapitre en fait
choix :

Quand un Moine étourdi se saisit de la porte.

Et dit qu'il ne veut pas qu'aucun Cordelier
sorte ,

Sans avoir déclaré qu'il faut, pour être élu,

Foutre quarante coups soit en con soit en cu.

Appelant de leur choix au plus prochain
    Concile,

Prétendant d'y montrer qu'il n'est pas
    moins habile,

Qu'il offre de montrer sa proposition

Mise dans le moment en exécution.

Il sort, ferme après lui : le Chapitre en
    murmure.

Je veux vous foutre tous, dit-il par la serrure:

Pied ferme et Vit en main, il les prend au
    guichet.

Les Moines se voyant surpris au trébuchet,

Délibèrent enfin, et la sainte assemblée,

Qui se voit, au passage, à coup sûr enfilée,

Veut bien qu'à ce mutin on présente le cu.

Tout autant il en sort, tout autant de foutu :

Pas un n'en est exempt, pas même la
    vieillesse :

Le bougre encule tout d'une même vitesse :

Chaque Moine convient qu'il n'a rien vu
    d'égal,

Et qu'on ne peut choisir un plus grand
    Général.

ÉPIGRAMME.

Un Moine à barbe, exploitant bonne
    Sœur,
Réitérait souvent ce doux labeur.
Ah ! c'est assez, finissons, lui dit-elle,
On sonne au chœur , je vais où Dieu
    m'appelle.
Eh quoi ! si vîte ? Encore un pauvre Ave,
Encor, ma Sœur, et puis je me retire.
Qu'un Ave ? Soit : voyons, je vais le dire ;
Ça faites donc , j'y joindrai le Salve.

AUTRE.

Quand Jean , si rempli d'amitié,
Dit que sa femme est sa moitié,
Je trouve qu'il a bonne grace ;
Car si , dès qu'il est endormi,
Un autre succède à sa place,
Elle n'est à lui qu'à demi.

F 3

ÉPITAPHE.

Ci gît le sieur de Manas,
Lequel, de sa propre allumelle,
Se tua, en prenant ses ébats,
Sur le corps d'une Demoiselle ;
Je ne sais, après son trépas,
Par où son esprit s'en alla :
Mais je sais bien qu'on ne va pas
En Paradis par ce trou-là.

AUTRE.

Ci gît l'impudique Manon,
Qui, dans le ventre de sa mère,
Se tournait de telle façon,
Qu'elle foutait avec son père.

LE DÉSAGRÉMENT

DE LA JOUISSANCE.

Enfin, après six mois de peine et de
    soupirs,
Climène s'est rendue à mes pressans desirs ;
D'un moment tendre et doux j'ai saisi
    l'avantage.
Mais hélas ! qui l'eût cru ? cette prude
    sauvage,
Qui tant et tant de fois a refusé me vœux,
A plus foutu de coups que je n'ai de
    cheveux.
Son con vaste et son cul, font une même
    fente,
Mon vit en fut frappé d'horreur et d'épou-
    vante ;
Et parcourant au loin cet abîme profond,
En même temps foutit et le cul et le con.

O vous, qui recherchez l'honneur d'un
   pucelage ,
Amans, ne jugez pas du con par le visage.
Les dévotes Beautés qui vont baissant les
   yeux ,
Sont celles plus souvent qui chevauchent
   le mieux :
Telle , d'un air bigot , vous affronte et
   vous dupe ,
Qui pour un malheureux vingt fois lève
   sa jupe ,
Et faignant de prier, en fermant son volet,
Pour un godemichi quite son chapelet.

ÉNIGME.

JE suis une plaisante chose,
   Qui peut avoir environ
   Six à sept pouces de long.
Je ne sers point quand on repose,
Quand je pends je suis hors d'emploi;
Dès qu'on veut se servir de moi,
Alors une main féminine
Me prend, me secoue et badine,
Puis après le jeu me conduit,
Ainsi que mon fidèle guide,
Dans une fente fort humide,
Comme en mon naturel réduit.
Là, j'entre autant que l'on me pousse:
Après minte et mainte secousse,
Si l'on me retire dehors,
Je suis tout mouillé quand je sors.
C'est par ce plaisant exercice
Qu'au genre humain je rends service;

Mais si pas malheur rebuté,
Ou trop vainement excité,
On ne peut me mettre en usage,
C'est alors grand bruit au ménage.

O vous tous, qui lisez ici
Le détail de mon savoir faire,
Si vous me devinez, vous pouvez sans
          mystère
Me nommer ; car de moi vous vous êtes
          servi.

LA GAGEURE,
CONTE.

GAGE un écu : je mets le double,
Que tu ne me dis pas pourquoi
Toutes les Femmes pissent trouble,
Disait au Médecin du Roi
Une Dame allerte et gaillarde.
Le disciple de Galien ,
Avec surprise, la regarde,
Et ne pouvait répondre rien.
Vas, ne cherche point, c'est folie:
Mais, apprends de moi le secret ;
Tonneau près de la lie ,
Ne donne point de vin clairet.

LE CONTRAT DE RENTE,

CONTE.

Jean, quatre mois après sa noce,
Se trouva père, il s'en fàcha ;
Au beau-père il le reprocha,
Lequel lui dit : d'un fruit précoce
Ma femme ainsi me régala :
J'eus fait du bruit plus que trente.
Par un contrat de mille écus de rente,
Mon beau-père me consola.
Ce même contrat, le voilà.
Il doit rester dans la famille :
A votre gendre il conviendra,
Si vous mariez votre fille.

LE

LE
DÉBAUCHÉ CONVERTI.

Par *M*. Robbé de Beauveset.

Puissant Médiateur entre nous et la
femme,
Qui, du plaisir secret, nous ourdissez la
trame,
Des feux de Prométhée ardent dispensateur,
Et de la gent humaine éternel Créateur ;
Portassiez-vous encore un plus superbe
titre,
Du bonheur de mes jours vous n'êtes plus
l'arbitre.
Ce plaisir violent, dont je fus enchanté,
D'un tourment de six mois est trop cher
acheté.

G

Qu'un autre que moi coure après ce vain
    fantôme ,
J'en connais le néant , grace à Monsieur
    Saint-Côme ;
Et les sacrés réchauds sont l'utile creuset
Où l'or faux du plaisir m'a paru tel qu'il
    est.
J'ai ruminé ces maux que sur son lit endure
Un pauvre putassier tout frotté de mercure;
Des conduits salivains , quand les pores
    ouverts
Du virus repoussé filtrent les globes verts ;
Quand sa langue , nageant dans les flots
    de salive ,
Semble un canal impur qui coule une
    lessive :
Ah ! que sur son grabat se voyant enchaîné ,
Un Ribaud voudrait bien n'avoir pas
    dégainé :
Qu'il déteste l'instant où sa pompe aspi-
    rante ,
Tira le suc mortel de sa cruelle Amante !
L'oeil cave , le front ceint du fatal chapelet,
Le teint pâle et plombé , le visage défait,

Les membres décharnés, une joue allongée,
Sa planète atteignant son plus bas périgée,
Alors, avec David, il prononce ces mots:
La vérole, mon Dieu, m'a criblé jus-
      qu'aux os.
Car, par MALUM, David entend l'humeur
      impure
Qu'il prit d'Abigaïl, comme je conjecture,
D'autant que cette femme, épouse de
      Nabal,
De son mari pouvait avoir gagné ce mal.
Ce Nabal, en effet, est peint au saint volume
Tel qu'un compagnon, propre au poil
      comme à la plume,
Et qui, quand il trouvait fille de bonne
      humeur,
De ses bubons enflés méprisant la tumeur,
Lui faisait, sur le dos, faire la caracole,
Eut-il été certain de gagner la vérole.
Aussi, je suis surpris que David, ce grand
      clerc:
Au fait d'Abigaïl ait pu voir si peu clair:

Certes , besoin n'était d'être si grand
    prophête,
Ni d'avoir sur son nez la divine lunette,
Pour voir que , de Nabal , tout le sang
    corrompu
Ayant poivré le flanc qui s'en était repu,
C'était nécessité que son hardi Priape
Eût la dent agacée en mordant à la grappe.
Mais , quoi ! vit-on jamais raisonner un
    paillard ?
Il prit , les yeux fermés , ce petit mal
    gaillard ,
Dont , quelque temps après , sa flamberge
    en furie ,
Enticha le vagin de la femme d'Urie.
De mes ébats aussi , j'ai tiré l'usufruit :
Mais , grace au vif-argent , mon virus est
    détruit ;
Mon sang , purifié , coule libre en mes
    veines ,
Et deux globes malins ne gonflent plus
    mes aînes ;
Du trône du plaisir , les parois resserrés ,
Ne laissent plus couler mille sucs égarés ;

Et ce Moine velu, que le prépuce enfroque,
De trois rubis rongeurs voit dérougir sa
toque.
Triste et funeste coup ! pouvais-je le
prévoir,
Qu'une fille si jeune eût pu me décevoir ?
Deux lustres et demi, qu'un an à peine
augmente,
Voyaient bondir les monts de sa gorge
naissante ;
Un cuir blanc et poli, mais élastique et dur,
Tapissait le contour de son jeune fémur ;
A peine un noir duvet de sa mousse legère
Couvrait l'antre sacré que tout mortel
révère ;
Les couleurs de l'Aurore éclataient sur
son tein,
Elle aurait fait hennir le vieux Mufti Latin ;
Un front, dont la douceur à la fierté s'allie,
La firent, à mes yeux, plus vierge qu'Eu-
lalie :
Aussi combien d'assauts fallut-il soutenir,
Avant que d'en pouvoir à mon honneur
venir ?

A mon honneur ! jé faux, disons mieux,
à ma honte ;
Après deux mois d'égards, de soupirs, je
la monte.
Dieux ! quelle volupté, quand, sur elle
étendu,
Je pressurais le jus de ce fruit défendu !
Sa gaine assez profonde, en revanche peu
large,
Entr'elle et mon acier ne laissait point de
marge ;
Le piston à la main, trois fois mon Jean-
chouard,
Dans ses canaux ouverts, seringua son
nectar ;
Et trois fois la Pucelle, avec reconnaissance,
Voitura, dans mon sang, sa vérolique
essence.
Mais, quoi ! ma passion s'enflamme à ce
récit,
De mes tendons moteurs le tissu s'étrécit ;
Mes esprits, dans mes nerfs, précipitent
leur course,
Et de la volupté courent ouvrir la source.

Quoi donc ! irais-je , en proie à de vils
intestins,
De mes os ébranlés empirer les destins ?
Irais-je sur ces mers fameuses en naufrages,
Nautonnier imprudent affronter les orages ?
Moi qui, comme Jonas, qu'un serpent
engloutit,
Ai servi de pâture à l'avide Petit.
Non, de la chasteté j'atteins enfin la cime ;
Là, je rirai de voir cette pâle victime
Que la fourbe Vénus plaça sur ses autels,
Trainer les os rongés de ses poisons mortels.
Que le Ciel, si jamais je vogue sur ce
gouffre,
Fasse pleuvoir sur moi le bitume et le
souffre ;
Que l'infamant rasoir qui tondit Abailard,
Me fasse, de l'Eunuque, arborer l'étendard,
Si jamais enivré, fût-ce d'une Pucelle,
Mon frocard étourdi saute dans sa nacelle !
Tout visage de femme, à bon droit, m'est
suspect ;
Quiconque a salivé, doit fuir à son aspect.

Oui , m'offrit-on le choix des onze mille
  Vierges ,
Jamais leurs feux sacrés n'allùmeraient
  mes cierges.
Le jaloux Ottoman m'ouvrit-il son Sérail,
Quand j'y verrais à nud l'albâtre et le corail
Briller sur ces beaux corps qu'embellit la
  Nature ,
Mon Priape serait un Priape en peinture.
Je dis plus : quand le Ciel exprès , de mon
  côté ,
Tirerait la plus rare et plus saine beauté ,
Dieu sait si la chaleur de cette nouvelle Eve
Dans mon muscle alongé ferait monter la
  séve ;
Beau sexe, c'en est fait, vos ébats séducteurs
Ne me porteront plus vos esprits destruc-
  teurs ;
Je fuirai désormais votre espèce gentille ,
Ainsi qu'au bord du Nil on fuit le Cro-
  codile.
Il est temps de penser à faire mon salut ;
L'ame se porte mal , quand le corps est
  en rut.

Lorsque l'affreuse mort, au sec et froid
squelette,
M'aura devant le Juge assis sur la sellette,
Cent mille coups de cul ne me sauveront
pas
Du foudroyant arrêt de l'éternel trépas.
C'est vous qui, le premier, avez fait
tomber l'homme,
Par l'attrait séducteur de la fatale pomme;
Mais vos culs, dans l'abyme, en ont plus
descendus,
Que ne feraient jamais tous les fruits dé-
fendus.
C'est avec vos filets que Satan nous attrappe,
C'est vous qui nous poussez sur l'infernale
trappe ;
Vous séduiriez, morbleu, je crois, tous
les élus.
Adieu, beau sexe, adieu, vous ne me
tenez plus.

LE FRÈRE ET LA SŒUR.

Mon cher frère, disait Sylvie,
Si tu quittais le jeu, que je serais ravie ;
Ne le pourras-tu point abandonner un jour?
Oui, ma sœur, j'en perdrai l'envie
Quand tu ne feras plus l'amour.
Va, méchant, tu joueras tout le tems de
ta vie.

CHLOÉ
ET LE PAPILLON.

Sous un ciel serein et tranquille,
Au sein d'un champêtre séjour,
Loin des vains plaisirs de la Ville,
Et loin des pièges de l'Amour,
Chloé, naïve, jeune et belle,
Voyait couler ses jours heureux,
Aussi beaux, aussi simples qu'elle.
Là, dérobée à tous les yeux
Par les soins d'une tendre mère,
Chloé, sans desirs, sans regrets,
Respirait un air salutaire
A ses mœurs comme à ses attraits.
Le vif éclat qui la colore
N'est que le teint de la pudeur;
Son oreille n'a point encore

Goûté le poison enchanteur
Des soupirs, des tendres alarmes;
Elle ignore qu'elle ait un cœur,
Elle soupçonne à peine ses charmes.

Seule, dans le fond d'un bosquet,
Près du crystal d'une onde pure,
Elle assortissait un bouquet,
Pour en composer sa parure:
La belle, d'un air enfantin,
Comparait, avec avantage,
Le lys et la rose à son teint,
Et souriait à son image.

Un Papillon, au même instant,
Déployait ses ailes legères,
Et de ses ardeurs passagères
Promenait l'hommage inconstant;
Tout l'attire, et rien ne l'arrête:
Il parcourt, d'un air de conquête,
Tous les appas de chaque fleur:
Ici, son audace indiscrète,
De la timide violette
Caresse

Caresse la vive fraîcheur :
Là, du sein de la tubéreuse,
Sa témérité plus heureuse
Presse l'orgueilleuse blancheur ;
Aussi-tôt, d'une aîle infidelle,
Il court à la rose nouvelle ;
Il baise son bouton naissant,
Et toujours brillant et frivole,
Il paraît, jouit, et s'envole.

Chloé voit l'insecte éclatant :
Et sa parure étincelante
D'azur, de pourpre et de rubis,
Enchante ses yeux éblouis :
Sa petite ame impatiente
Brûle aussi-tôt de s'en saisir ;
Dans le vif transport qui l'agite,
De son jeune sein qui palpite,
S'échappe le premier soupir.

Aussi legères que les graces
Du rival errant du zéphir
Elle poursuit long-temps les traces :

H

Souvent, dans son vol incertain,
Il s'arrête : la nymphe agile
Accourt, le guette, étend la main ;
Mais le superbe volatile
Dans les airs s'élance soudain.
Tour à tour, flattée et trompée,
Elle suit sa proie échappée ;
L'infidèle se fixe enfin,
Sur la belle et pâle jonquille.
On dirait que la tendre fleur
Ranime, au gré de son vainqueur,
Le faible éclat dont elle brille :
Du triomphe elle goûte le prix ;
Chloé vole, approche, il est pris.

S'agitant, débattant de l'aile,
Pour briser sa captivité :
Rendez-moi, dit-il, à la belle,
Ah ! rendez-moi la liberté ;
Rougissez de votre victoire :
Qu'attendez-vous de mes liens ?
Mes ailes font toute ma gloire ;
Quelqu'éclat, voilà tous mes biens ;

Eblouir est ma destinée ;
Je vis sans projet, sans amour,
Et mon existence bornée
N'est que l'amusement d'un jour.

A ces mots, la Nymphe ingénue
S'attendrit pour son beau captif :
Le trouble de son ame émue
Favorise le fugitif.
Il s'échappe : Chloé soupire.
Sur les boucles de ses cheveux,
Balançant son vol amoureux,
Voici ce qu'il ose lui dire :

Seule, en ces lieux, vous respirez,
Chloé, la paix et l'innocence :
Bientôt, loin des jeux de l'enfance,
Dans le monde vous brillerez ;
C'est-là que vous rencontrerez
Un être frivole, infidèle,
Et paré de mille couleurs ;
Il voltige de belle en belle,
Ainsi que moi de fleurs en fleurs,
Je suis, en tout, son modèle.

Ah ! si, vous laissant éblouir,
Vous brûlez, un jour, de jouir
De cetté nouvelle victoire ;
D'une si folle ambition,
Chloé, qu'elle sera la gloire ?
Vous aurez pris un papillon.

L'AVE MARIA,

CONTE.

Dans un couvent deux Nonnettes gen-
    tilles,
Mais dont l'esprit doux, simple, innocent,
Ne connaissait que le tour et les grilles,
Tenaient un jour propos intéressant
De confidence et d'amitié fort tendre.
Notez qu'aucun ne pouvait les entendre,
L'huis était clos. Fillette de jaser,
De s'appeler et ma chère et ma bonne,
De se donner saintement un baiser,
D'y revenir, sans qu'aucune soupçonne
Que le malin les induit à ce jeu.
Jésus, ma sœur, dit la jeune Sophie,
Qu'on voit en vous les merveilles de Dieu !
Quelle beauté ! vous êtes accomplie :

Voyez ce sein ! le globe en est parfait.
Que ce bouton de rose-là me plaît !
J'y vois la main de la Toute-Puissance.
Et vous, mon cœur, reprit la sœur Cons-
      tance,
Peut-on vous voir, et ne pas l'adorer ?
Tout est parfait, tout, en vous, m'édifie.
Lors, le pieux examen sur Sophie
Va son chemin. On admire ceci,
Et puis cela ; tant que par aventure
En certain lieu que la folle Nature
Fit à plaisir, l'examen vint aussi.
Pieux élans, obligeamment mystiques,
Naissent alors à cet objet frappant.
Ma chère sœur, l'agréable portique !
Le beau dessin ! qu'il est simple et piquant !
Chez vous, ma sœur, lui répliqua Sophie,
Mêmes appas, mon ame en est ravie ;
Rien de si beau ne s'offrit à mes yeux.
Vous allez rire, il me prend une envie,
C'est de savoir un peu qui de nous deux
A plus petit ce chef-d'œuvre des Cieux.

C'est vous, ma sœur ; non, ma sœur, je
    vous jure.
C'est vous ! Eh bien, prenons-en la mesure,
Notre Rosaire est tout propre à cela.
On y procède. Eh, bon Dieu ! dit Sophie,
Qui l'aurait cru ? vous l'avez, chère amie,
Plus grand que moi d'un AVE MARIA.

LE PREMIER COUP

DE VÊPRES.

Un Cordelier exploitait gente Nonne,
Qui paraissait du cas se soucier :
Presto, presto, dit le Cordelier,
Haut le gigot, le coup de Vêpres sonne.
Ne vous troublez, lui répartit la Nonne,
Ami, ce n'est encor que le premier.

LA FILLE CHARITABLE.

Du bon Guillot le Vit se roidissait,
Et le poignait si fort concupissence,
Que dans un coin se manuélisait.
La bonne Alix, curieuse, s'avance,
Voyant jaillir ce sperme merveilleux :
Ah ! quel malheur, lui dit la bonne dame ;
Un peu plutôt j'eusse empêché qu'aux cieux
N'eussiez, impie, escamoté cette ame.

LE JUBILÉ.

Au Jubilé, comme sage,
Je voulais, selon l'usage,
Faire mes dévotions.
Suivant l'ordre du Saint Père,
Je me dépêchais de faire
Trois ou quatre stations :
J'allais d'église en église,
Quand d'un air tout de franchise
Une gueuse m'aborda :
A cette attaque imprévue,
D'abord je baissai la vue,
Mais le Diable me tenta.
Elle me conduit chez elle,
Et je fus, de la Donzelle,
Passablement régalé ;
Si bien qu'en cet exercice
Je perdis le Jubilé,
Et gagnai la chaude-pisse.

La Maitresse de Plain-chant.

Une abbesse instruisait une jeune novice
Dans le chant propre à la communauté,
Sur certain mot latin dans un speaume usité,
    Qu'elle chantait mal par malice.
    Ce mot, à ce qu'un Auteur dit,
    Est celui-ci : CONCULCAVIT.
    Entonnez bien, lui disait-elle ;
    Tenez-moi bien ferme ce CON ;
    Haussez le CUL : fort bien la belle,
Un peu plus haut encor : là, c'est bon.
    Pour le VIT, faites-le bien long.
    De cette syllabe alongée,
    Je connais la mesure à fond :
    Père Blaise, après le sermon,
    Me l'a plus d'une fois montrée.

SERMON
Contre le péché de la Chair.

O mes chers Paroissiens ! ô brebis dé-
    plorables !
S'écriait un Curé prêchant contre la chair ;
    Si ce péché, qui vous met en Enfer,
      Avait des momens plus durables,
      S'il pouvait se perpétuer
Cent ans, cinquante, dix, un seulement
        sans pause,
Même pendant un mois sans discontinuer,
    Du moins ce serait quelque chose :
Mais en bien moins de temps vous êtes
      condamnés.
O nature fragile ! ô faiblesse de l'homme !
Savez-vous en combien votre arrêt se
      consomme ?.....
Je vous en avertis, pécheurs infortunés :
Et zague, zague, zague, et vous voilà
      damnés.

LES BELLES JAMBES.

Colin, poussé d'amour folâtre,
Regardait à son aise, un jour,
Les jambes plus blanches qu'albâtre
De Rose, objet de son amour.
Tantôt il s'adresse à la gauche ;
Tantôt la droite le débauche.
Je ne sais plus, dit-il, laquelle regarder ;
Une égale beauté fait un combat entr'elles.
Ah ! lui dit Rose, ami, sans plus tarder,
Mettez-vous entre deux, pour finir leurs
querelles.

LES

LES CINQ PONTS.

Les Ponts ont fait époque dans ma vie ,
Dit l'Ange en pleurs dans sa célule en Brie ;
Fille d'un Moine et de Manon-Giroux ,
J'ai pris naissance au sein du Pont-aux-
  Choux.
A peine a lui l'aurore de mes charmes ,
Que le Pont-Neuf vit mes premières armes;
Au Pont-au-Change à plaisir je fêtois
Le tiers, le quart, soit noble, soit bourgeois;
L'art libertin de rallumer les flammes ,
Au Pont-Royal me mit le sceptre en main;
Un si haut fait me loge au Pont-aux-Dames,
Où j'ai bien peur de finir mon destin.

I

L'EXPÉRIENCE

FAIT LA SCIENCE.

LE jour que Jean se maria,
Et qu'il eut dans la nuit fait rage,
La femme, le matin, me pria
Du reste de son pucelage.
Je la fout de grand courage,
Trois fois, savourant ses beaux yeux ;
Puis me dit, d'un air gracieux :
Ami, ce que je viens de faire,
N'est que pour savoir quel vaut mieux,
Le mariage ou l'adultère.

ÉPIGRAMME.

Au lit de mort, une vieille à confesse,
Qui cinquante ans sous Vénus travailla,
A Bourdaloue exagérait sans cesse,
Les doux plaisirs dont Amour la combla.
Oh ! çà, lui dit l'enfant de Loyola,
Songez à Dieu. — Je le voudrais, dit-elle ;
Mais j'ai toujours un bougre de Vit là,
Même en mourant, qui me fout la cervelle.

AUTRE.

Le Fait, le Droit, qui sur le formulaire,
Depuis long-temps partage les esprits,
Faisaient grand bruit, et on traitait l'affaire
Avec chaleur, lorsque l'on fut surpris
De voir Ninon terminer la querelle,
Et sur le chant trouver ce tour adroit :
Tant qu'il est droit, il n'est pas fait, dit-elle,
Quand il est fait, il cesse d'être droit.

IMPROMPTU

A deux Dames qui étaient à un Balcon pendant un Orage.

Vous, du haut du balcon,
Qui riez de ma misère,
S'il pleuvait du jus de Couillon,
On vous verrait sous la gouttière.

AUTRE,

A deux Dames qui se parlaient, et dont une prononça gravement le mot peut-être, dit sans s'arrêter :

Mesdames, il n'y a point de peut-être ;
Toute femme qui a foutu aime à l'être.

MON TESTAMENT.

JE veux qu'après ma mort cent Putains
toutes nues,
Soient, dessus mon tombeau, cent fois par
jour foutues ;
Et que les Cordeliers, en chantant leurs
offices,
Aient tous les Vits bandans dans le cul
des Novices ;
Et que les Jacobins, en prêchant leurs
sermons,
En exhortant les Vits, prêchent contre
les Cons :
Et que, sans consulter tant de législateurs,
On partage mon bien aux plus fameux
Fouteurs.
Et qu'on donne mes os à des Apothicaires
Pour servir de canul à donner des clistères ;
Afin qu'après ma mort, ainsi que j'ai vécu,
Je sois encore utile au service des culs.

TABLE
DES MATIÈRES.

Fin de la Table.

www.ingramcontent.com/pod-product-compliance
Lightning Source LLC
LaVergne TN
LVHW020653200726
843508LV00002B/755